Guide for entrepreneurs: how to build a successful business

उद्यमियों के लिए गाइड: कैसे एक सफल व्यवसाय बनाएं

Navya

2

Copy right

Guide for entrepreneurs: how to build a successful business

Copyright © 2023 by Navya

The first edition was published in 2023

ISBN:
Published by:
Sunshine
1663 Liberty Drive
Hyderabad, IN 47403
www.Sunshinepublishers.com

This book is self-published using on-demand printing and publishing, which allows it to be printed and distributed globally

TABLE OF CONTENT

Chapter 4: Securing funding and resources

A. Exploring different funding options, such as personal savings, loans, and investments

B. Building a strong team with complementary skills and expertise

C. Establishing a legal structure for your business

Chapter 5: Launching and managing your business

A. Developing effective marketing and sales campaigns

B. Providing excellent customer service

C. Managing your finances and operations efficiently

D. Adapting to changing market conditions and challenges

Chapter 1: Introduction

Chapter 1: परिचय

उद्यमिता का महत्व

उद्यमिता आर्थिक विकास और सामाजिक बदलाव का इंजन है। यह नई नौकरियां पैदा करती है, अभिनव उत्पादों और सेवाओं को बाजार में लाती है, और समुदायों को मजबूत बनाती है। भारत में, उद्यमिता विशेष रूप से महत्वपूर्ण है क्योंकि यह देश के युवा और बढ़ते हुए श्रम बल को रोजगार के अवसर प्रदान करने में महत्वपूर्ण भूमिका निभा सकती है।

उद्यमिता के लाभ

उद्यमिता के कई लाभ हैं, जिनमें शामिल हैं:

- नौकरी निर्माण: उद्यमी छोटे और मध्यम आकार के उद्यमों (एसएमई) के माध्यम से अधिकांश नौकरियां पैदा करते हैं। एसएमई भारतीय अर्थव्यवस्था की रीढ़ की हड्डी हैं, और वे देश के कुल रोजगार का लगभग 90% प्रदान करते हैं।

- अभिनव: उद्यमी नई चीजें बनाने और नई प्रक्रियाओं को विकसित करने में अग्रणी हैं। वे आर्थिक विकास को बढ़ावा देने और जीवन स्तर को सुधारने में मदद करने के लिए नए उत्पादों और सेवाओं को बाजार में लाते हैं।

- समुदाय विकास: उद्यमी स्थानीय समुदायों में निवेश करके और उन्हें रोजगार के अवसर प्रदान करके उन्हें मजबूत बनाने में मदद करते हैं। वे स्थानीय अर्थव्यवस्थाओं को बढ़ावा देने और जीवन की गुणवत्ता में सुधार करने में भी मदद करते हैं।

भारत में उद्यमिता की चुनौतियाँ

हालाँकि उद्यमिता के कई लाभ हैं, लेकिन भारत में उद्यमियों को कई चुनौतियों का सामना करना पड़ता है, जिनमें शामिल हैं:

- वित्तीय पूंजी तक पहुंच: उद्यमियों को अक्सर अपने व्यवसाय शुरू करने या बढ़ाने के लिए वित्तीय पूंजी तक पहुंचने में कठिनाई होती है। बैंकों और अन्य वित्तीय संस्थानों से ऋण प्राप्त करना मुश्किल हो सकता है, और कई उद्यमियों को अपने व्यवसायों को वित्त करने के लिए अपने व्यक्तिगत बचत या परिवार और दोस्तों से धन उधार लेना पड़ता है।

- सरकारी नियम: भारत में उद्यमियों को जटिल सरकारी नियमों और प्रक्रियाओं का सामना करना पड़ता है। ये नियम और प्रक्रियाएं अक्सर व्यवसाय शुरू करने या बढ़ाने की लागत को बढ़ा देती हैं और उद्यमियों के लिए अनुपालन करना चुनौतीपूर्ण हो सकता है।

- अवसंरचना की कमी: भारत में कई क्षेत्रों में अपर्याप्त बुनियादी ढांचा है, जैसे कि सड़क, बिजली और दूरसंचार। यह बुनियादी ढांचे की कमी उद्यमियों के लिए व्यवसाय करना मुश्किल बना सकती है और उनकी प्रतिस्पर्धा को कम कर सकती है।

भारत में उद्यमिता को बढ़ावा देने के लिए क्या किया जा सकता है

भारत में उद्यमिता को बढ़ावा देने के लिए कई चीजें की जा सकती हैं, जिनमें शामिल हैं:

- सरकार द्वारा उद्यमियों को वित्तीय सहायता प्रदान करना: सरकार उद्यमियों को ऋण, अनुदान और अन्य वित्तीय सहायता

प्रदान करके उनकी मदद कर सकती है। सरकार उद्यमियों को व्यावसायिक सलाह और प्रशिक्षण भी प्रदान कर सकती है।

- सरकारी नियमों और प्रक्रियाओं को सरल बनाना: सरकार उद्यमियों के लिए सरकारी नियमों और प्रक्रियाओं को सरल बनाकर उनकी मदद कर सकती है। इससे व्यवसाय शुरू करना और बढ़ाना आसान हो जाएगा और उद्यमियों के लिए अनुपालन करना कम चुनौतीपूर्ण होगा।

- अवसंरचना में सुधार करना: सरकार बुनियादी ढांचे में सुधार करके उद्यमियों की मदद कर सकती है। इससे उद्यमियों के लिए व्यवसाय करना आसान हो जाएगा और उनकी प्रतिस्पर्धा को कम कर सकती है।

व्यवसाय बनाने की चुनौतियाँ और पुरस्कार

व्यवसाय शुरू करना और उसे सफल बनाना एक कठिन काम है। इसमें बहुत मेहनत, समर्पण और बलिदान की आवश्यकता होती है। हालाँकि, यह बहुत ही फायदेमंद भी हो सकता है। व्यवसाय के मालिक बनने से आपको अपने भाग्य का मालिक बनने और अपनी शर्तों पर काम करने का अवसर मिलता है। यह आपको अपने समुदाय में बदलाव लाने और अपने जीवन पर सकारात्मक प्रभाव बनाने का अवसर भी देता है।

व्यवसाय बनाने की कुछ सबसे बड़ी चुनौतियों में शामिल हैं:

- वित्तीय पूंजी तक पहुंच: व्यवसाय शुरू करने या बढ़ाने के लिए पर्याप्त धन होना आवश्यक है। कई उद्यमियों को अपने व्यवसायों को वित्त करने के लिए अपने व्यक्तिगत बचत या परिवार और दोस्तों से धन उधार लेना पड़ता है।

- बाजार में प्रतिस्पर्धा: व्यवसायों को बाजार में प्रतिस्पर्धा करने के लिए कड़ी मेहनत करनी पड़ती है। उन्हें अपने उत्पादों और सेवाओं को अलग करना होगा और ग्राहकों को आकर्षित करने के लिए प्रभावी विपणन रणनीतियाँ विकसित करनी होंगी।

- प्रबंधन कौशल: व्यवसाय के मालिकों को अपने व्यवसायों को प्रभावी ढंग से प्रबंधित करने के लिए मजबूत प्रबंधन कौशल की आवश्यकता होती है। उन्हें अपने कर्मचारियों का नेतृत्व करने में सक्षम होना चाहिए, अपने वित्त का प्रबंधन करना चाहिए और अपने व्यवसायों को रणनीतिक रूप से विकसित करना चाहिए।

- समय और प्रतिबद्धता: व्यवसाय चलाने में बहुत समय और प्रतिबद्धता लगती है। व्यवसाय के मालिकों को अक्सर लंबे समय

तक काम करना पड़ता है और अपने व्यवसायों को सफल बनाने के लिए बहुत मेहनत करनी पड़ती है।

हालाँकि व्यवसाय बनाने की कई चुनौतियाँ हैं, लेकिन इसके कई पुरस्कार भी हैं, जिनमें शामिल हैं:

- स्वतंत्रता और लचीलापन: व्यवसाय के मालिक अपने स्वयं के बॉस होते हैं और अपने काम के घंटों और कार्यक्रम को निर्धारित करने के लिए स्वतंत्र होते हैं।

- आर्थिक पुरस्कार: सफल व्यवसाय के मालिक अच्छी आय अर्जित कर सकते हैं और अपने वित्तीय लक्ष्यों को प्राप्त कर सकते हैं।

- व्यक्तिगत संतुष्टि: व्यवसाय बनाने और उसे सफल बनाने में बहुत मेहनत और समर्पण लगता है, लेकिन यह बहुत ही फायदेमंद भी हो सकता है। व्यवसाय के मालिकों को अपने काम पर गर्व होता है और उन्हें अपने समुदाय में बदलाव लाने का अवसर मिलता है।

यदि आप व्यवसाय शुरू करने के बारे में सोच रहे हैं, तो यह महत्वपूर्ण है कि आप चुनौतियों और पुरस्कारों को दोनों को समझें। व्यवसाय बनाना आसान नहीं है, लेकिन यह बहुत ही फायदेमंद भी हो सकता है। यदि आप कड़ी मेहनत करने और समर्पित रहने के लिए तैयार हैं, तो व्यवसाय बनाना आपके लिए एक अच्छा विकल्प हो सकता है।

Chapter 2: Identifying a viable business idea

Chapter 2: एक व्यवहार्य व्यवसाय विचार की पहचान करना

अपने जुनून और कौशल को समझना

अपने जुनून और कौशल को समझना आपके जीवन का एक महत्वपूर्ण हिस्सा है। यह आपको अधिक सार्थक और संपूर्ण जीवन जीने में मदद कर सकता है।

जुनून क्या हैं?

जुनून वे चीजें हैं जिनके लिए आप बहुत भावुक हैं। वे चीजें हैं जो आपको उत्साहित करती हैं और आपको प्रेरित करती हैं। अपने जुनून को ढूंढ़ना महत्वपूर्ण है क्योंकि वे आपके जीवन को दिशा और उद्देश्य प्रदान कर सकते हैं।

कौशल क्या हैं?

कौशल उन चीजों को करने की आपकी क्षमता है जिन्हें आप करना चाहते हैं। वे आपके द्वारा सीखे गए ज्ञान और अनुभव का परिणाम हैं। अपने कौशल को समझना महत्वपूर्ण है क्योंकि वे आपको अपने जुनून का पीछा करने और सफल होने में मदद कर सकते हैं।

अपने जुनून और कौशल की पहचान कैसे करें

अपने जुनून और कौशल की पहचान करने के कई तरीके हैं। यहां कुछ सुझाव दिए गए हैं:

- अपने अतीत को प्रतिबिंबित करें। आप किन गतिविधियों में सबसे अधिक आनंद लेते हैं? आप किन चीजों में स्वाभाविक रूप से अच्छे हैं?

- अपने वर्तमान जीवन का मूल्यांकन करें। आप किन चीजों के बारे में सबसे अधिक बात करते हैं? आप किस तरह के काम में सबसे अधिक खुश हैं?

- नई चीजों की कोशिश करें। नए शौक, कक्षाएं, या स्वयंसेवक के अवसरों को आजमाएं। यह आपको अपने नए जुनून और कौशल खोजने में मदद कर सकता है।

- दूसरों से सलाह लें। अपने परिवार, दोस्तों और शिक्षकों से प्रतिक्रिया प्राप्त करें। वे आपको आपके जुनून और कौशल के बारे में नए परिप्रेक्ष्य दे सकते हैं।

अपने जुनून और कौशल का उपयोग कैसे करें

अपने जुनून और कौशल का उपयोग करने के कई तरीके हैं। यहां कुछ सुझाव दिए गए हैं:

- कैरियर चुनें जो आपके जुनून और कौशल के साथ मेल खाता हो। ऐसा काम करने से आप अधिक खुश, प्रेरित और सफल होंगे।

- शौक और गतिविधियां खोजें जो आपके जुनून को पूरा करती हैं। इससे आपको अपने जीवन में अधिक संतुलन और आनंद मिलेगा।

- अपने कौशल को विकसित करने का तरीका खोजें। कक्षाएं लें, किताबें पढ़ें, या ऑनलाइन ट्यूटोरियल देखें।

- अपने ज्ञान और कौशल को दूसरों के साथ साझा करें। स्वयंसेवी करें, एक कक्षा सिखाएं, या एक ब्लॉग शुरू करें।

अपने जुनून और कौशल का उपयोग करना आपके जीवन को समृद्ध बनाने का एक शानदार तरीका है। जब आप अपने जुनून का पीछा करते हैं और अपने कौशल का उपयोग करते हैं, तो आप एक पूर्ण और अर्थपूर्ण जीवन जी सकते हैं।

बाजार की जरूरतों और अवसरों को पहचानना

बाजार की जरूरतों और अवसरों को पहचानना किसी भी व्यवसाय के लिए सफलता के लिए महत्वपूर्ण है। एक व्यवसाय के लिए यह समझना आवश्यक है कि उसके ग्राहक क्या चाहते हैं और क्या खरीदने के इच्छुक हैं। इसके अलावा, व्यवसाय को उन अवसरों की तलाश करनी चाहिए जिनका उपयोग नए उत्पादों, सेवाओं या बाजारों में विस्तार करने के लिए किया जा सकता है।

बाजार की जरूरतों को पहचानने के तरीके

कई तरीके हैं जिनसे व्यवसाय बाजार की जरूरतों को पहचान सकते हैं। इनमें शामिल हैं:

- ग्राहक सर्वेक्षण और साक्षात्कार: ग्राहकों से सीधे पूछना कि वे क्या चाहते हैं और क्या खरीदने के इच्छुक हैं, बाजार की जरूरतों को पहचानने का एक शानदार तरीका है।

- बाजार अनुसंधान: बाजार अनुसंधान रिपोर्टों और डेटा का उपयोग करके व्यवसाय उन रुझानों और पैटर्न की पहचान कर सकते हैं जो बाजार की जरूरतों को प्रकट करते हैं।

- सोशल मीडिया की निगरानी: सोशल मीडिया पर ग्राहकों की बातचीत की निगरानी करके व्यवसाय उन समस्याओं और जरूरतों के बारे में जान सकते हैं जो ग्राहक अनुभव कर रहे हैं।

- प्रतियोगिता का विश्लेषण: प्रतियोगिता के उत्पादों, सेवाओं और मार्केटिंग रणनीतियों का विश्लेषण करके व्यवसाय उन अवसरों की पहचान कर सकते हैं जो उनके पास मौजूद नहीं हैं।

बाजार के अवसरों की पहचान करना

बाजार के अवसरों की पहचान करने के तरीके कई हैं। इनमें शामिल हैं:

- उभरते रुझानों पर ध्यान देना: उभरते रुझानों और तकनीकों पर नज़र रखने से व्यवसायों को नए बाजारों और अवसरों की पहचान करने में मदद मिल सकती है।

- गैर-मौजूद उत्पादों और सेवाओं की पहचान करना: बाजार में मौजूद नहीं होने वाले उत्पादों या सेवाओं की पहचान करना अवसर पैदा कर सकता है।

- नए बाजारों में विस्तार करना: व्यवसाय नए बाजारों में विस्तार करके अपने ग्राहक आधार को बढ़ा सकते हैं और नए राजस्व स्रोत बना सकते हैं।

- मौजूदा उत्पादों और सेवाओं में नवाचार करना: मौजूदा उत्पादों और सेवाओं में नवाचार करके व्यवसाय बाजार में अपनी स्थिति मजबूत कर सकते हैं और नए अवसर पैदा कर सकते हैं।

बाजार की जरूरतों और अवसरों को पहचानना एक चल रही प्रक्रिया है

बाजार की जरूरतें और अवसर लगातार बदल रहे हैं, इसलिए व्यवसायों के लिए यह महत्वपूर्ण है कि वे लगातार बाजार का अनुसंधान करें और नई प्रवृत्तियों पर ध्यान दें। ऐसा करने से व्यवसाय यह सुनिश्चित कर सकते हैं कि वे बाजार की जरूरतों को पूरा कर रहे हैं और नए अवसरों का लाभ उठा रहे हैं।

चित्र 1: एक व्यवसायी बाजार अनुसंधान डेटा का विश्लेषण कर रहा है

चित्र 2: एक व्यवसायी सोशल मीडिया पर ग्राहकों की बातचीत की निगरानी कर रहा है

चित्र 3: एक व्यवसायी नए बाजार में विस्तार के बारे में सोच रहा है

चित्र 4: एक व्यवसायी मौजूदा उत्पाद में नवाचार कर रहा है

बाजार की जरूरतों और अवसरों को पहचानना एक व्यवसाय की सफलता के लिए महत्वपूर्ण है। व्यवसायों के लिए यह महत्वपूर्ण है कि वे लगातार बाजार का अनुसंधान करें और नई प्रवृत्तियों पर ध्यान दें ताकि वे यह सुनिश्चित कर सकें कि वे बाजार की जरूरतों को पूरा कर रहे हैं और नए अवसरों का लाभ उठा रहे हैं।

अपने व्यावसायिक विचार की क्षमता का मूल्यांकन करना

अपने व्यावसायिक विचार का मूल्यांकन करना किसी भी नए उद्यम की शुरुआत में सबसे महत्वपूर्ण कदमों में से एक है। यह सुनिश्चित करने के लिए कि आपका विचार संभावनापूर्ण है और सफल होने की क्षमता रखता है, आपको कई कारकों पर विचार करना होगा।

1. बाजार का मूल्यांकन करें

सबसे पहले, यह समझना महत्वपूर्ण है कि आपका व्यावसायिक विचार किस बाजार में कार्य करेगा। इस बाजार का आकार कितना है? इसमें कितने संभावित ग्राहक हैं? बाजार में कौन से रुझान और पैटर्न उभर रहे हैं?

अपने लक्ष्य बाजार को ठीक से समझने के लिए, आपको बाजार अनुसंधान करना चाहिए। इसमें उद्योग रिपोर्ट पढ़ना, ऑनलाइन सर्वेक्षण करना और संभावित ग्राहकों से बात करना शामिल हो सकता है।

2. समस्या का समाधान करें

अपने व्यावसायिक विचार को सफल बनाने के लिए, यह किसी वास्तविक समस्या का समाधान करना चाहिए। इस समस्या का क्या प्रभाव है? क्या लोग इस समस्या के समाधान के लिए भुगतान करने को तैयार हैं?

यदि आपका व्यावसायिक विचार किसी समस्या का समाधान नहीं करता है, तो यह संभावना नहीं है कि इसे बाजार में स्वीकार किया जाएगा।

3. प्रतिस्पर्धा का विश्लेषण करें

अपने व्यावसायिक विचार को लागू करने से पहले, आपको अपने बाजार में मौजूद प्रतियोगिता को समझना चाहिए। आपके प्रतिस्पर्धी कौन हैं? उनकी ताकत और कमजोरियां क्या हैं? वे अपने उत्पादों या सेवाओं के लिए क्या कीमत वसूल करते हैं?

अपने प्रतिस्पर्धियों से अलग होने के लिए, आपको अपने व्यावसायिक विचार में कुछ अनूठा पेश करना होगा। यह एक बेहतर उत्पाद, कम कीमत या बेहतर ग्राहक सेवा हो सकती है।

4. वित्तीय व्यवहार्यता का मूल्यांकन करें

अपने व्यावसायिक विचार को लागू करने के लिए आपको कितना धनराशि की आवश्यकता होगी? इस धनराशि का उपयोग आप कैसे करेंगे? आपका व्यवसाय कितनी जल्दी लाभ कमाने लगेगा?

अपने व्यावसायिक विचार की वित्तीय व्यवहार्यता का मूल्यांकन करने के लिए, आपको एक व्यवसाय योजना बनानी चाहिए। इसमें आपके व्यवसाय के लक्ष्य, रणनीति और वित्तीय अनुमान शामिल होने चाहिए।

5. अपनी टीम का मूल्यांकन करें

आपका व्यवसाय केवल उतना ही अच्छा हो सकता है जितनी आपकी टीम। आपके पास सही कौशल और अनुभव वाले लोग होने चाहिए। आप उन लोगों को भी ढूंढना चाहते हैं जो आपके जुनून और प्रतिबद्धता को साझा करते हैं।

अपनी टीम को मजबूत बनाने के लिए, आपको सही लोगों की भर्ती करना चाहिए, उन्हें स्पष्ट प्रशिक्षण और मार्गदर्शन प्रदान करना चाहिए, और उन्हें प्रेरित रखने के लिए सही प्रोत्साहन देना चाहिए।

6. अपने जोखिम को समझें

हर नए व्यवसाय में जोखिम होता है। आपको इन जोखिमों को समझना चाहिए और उन्हें कम करने के लिए योजना बनानी चाहिए। कुछ सामान्य व्यावसायिक जोखिमों में शामिल हैं:

- बाजार जोखिम: बाजार में बदलावों के कारण आपका व्यवसाय लाभ कमाने में सक्षम नहीं हो सकता है।

- प्रतिस्पर्धात्मक जोखिम: नए प्रतियोगियों के उभरने के कारण आपका बाजार हिस्सा कम हो सकता है।

- वित्तीय जोखिम: आपका व्यवसाय कर्ज चुकाने में सक्षम नहीं हो सकता है या अपने खर्चों को पूरा करने के लिए पर्याप्त राजस्व उत्पन्न नहीं कर सकता है।

इन जोखिमों को कम करने के लिए, आपको अपने बाजार का शोध करना चाहिए, एक मजबूत प्रतिस्पर्धात्मक रणनीति विकसित करना चाहिए और अपने वित्त का सावधानीपूर्वक प्रबंधन करना चाहिए।

Chapter 3: Developing a comprehensive business plan

Chapter 3: व्यवसाय के लिए विस्तृत योजना विकसित करना

अपने व्यावसायिक लक्ष्यों और उद्देश्यों को परिभाषित करना

किसी भी व्यवसाय की सफलता के लिए स्पष्ट रूप से परिभाषित लक्ष्य और उद्देश्य होना आवश्यक है। ये लक्ष्य और उद्देश्य आपके व्यवसाय की दिशा और उद्देश्य प्रदान करते हैं और आपको यह निर्धारित करने में मदद करते हैं कि आप सफल हैं या नहीं।

लक्ष्य और उद्देश्यों के बीच अंतर

लक्ष्य और उद्देश्य समान नहीं हैं। लक्ष्य विशिष्ट, मापने योग्य, प्राप्त करने योग्य, प्रासंगिक और समयबद्ध (SMART) होने चाहिए। उद्देश्य व्यापक और अधिक सामान्य हैं। वे आपके व्यवसाय के दीर्घकालिक लक्ष्यों का प्रतिनिधित्व करते हैं।

उदाहरण के लिए, एक व्यावसायिक लक्ष्य हो सकता है कि अगले वर्ष में राजस्व को 20% बढ़ाना हो। एक व्यावसायिक उद्देश्य बाजार में हिस्सेदारी बढ़ाना या नए बाजारों में विस्तार करना हो सकता है।

अपने व्यावसायिक लक्ष्यों और उद्देश्यों को परिभाषित करने के लिए निम्न चरणों का पालन करें:

1. अपने व्यवसाय के मिशन और विजन को स्पष्ट करें। आपका व्यावसायिक मिशन आपके व्यवसाय का उद्देश्य है। आपका व्यावसायिक विजन आपके व्यवसाय का भविष्य है।

2. अपने हितधारकों की पहचान करें। आपके हितधारक वे लोग हैं जो आपके व्यवसाय से प्रभावित हैं। वे ग्राहक, कर्मचारी, निवेशक और समुदाय हो सकते हैं।

3. अपने व्यवसाय का SWOT विश्लेषण करें। SWOT विश्लेषण आपकी ताकत, कमजोरियों, अवसरों और खतरों की पहचान करता है।

4. अपने लक्ष्यों को SMART बनाएं। सुनिश्चित करें कि आपके लक्ष्य विशिष्ट, मापने योग्य, प्राप्त करने योग्य, प्रासंगिक और समयबद्ध हैं।

5. अपने लक्ष्यों को प्राथमिकता दें। कुछ लक्ष्य दूसरों से अधिक महत्वपूर्ण होंगे।

6. अपने लक्ष्यों को प्राप्त करने के लिए एक योजना बनाएं। आपकी योजना में विशिष्ट कदम और समयसीमा शामिल होनी चाहिए।

7. अपनी प्रगति की निगरानी करें। नियमित रूप से ट्रैक करें कि आप अपने लक्ष्यों को कैसे प्राप्त कर रहे हैं।

8. अपनी योजना को समायोजित करें। जैसे-जैसे आपका व्यवसाय बढ़ता है, आपको अपनी योजना को समायोजित करने की आवश्यकता हो सकती है।

अपने व्यावसायिक लक्ष्यों और उद्देश्यों को परिभाषित करना आपके व्यवसाय की सफलता के लिए महत्वपूर्ण है। स्पष्ट रूप से परिभाषित लक्ष्य और उद्देश्य आपको अपने व्यवसाय को सही दिशा में ले जाने में मदद करेंगे और आपको यह सुनिश्चित करने में मदद करेंगे कि आप अपने लक्ष्यों को प्राप्त कर रहे हैं।

चित्र 1: एक व्यवसायी अपने व्यावसायिक लक्ष्यों को लिख रहा है

चित्र 2: एक व्यवसायी अपने व्यावसायिक लक्ष्यों को प्राप्त करने के लिए एक योजना बना रहा है

चित्र 3: एक व्यवसायी अपनी प्रगति की निगरानी कर रहा है

अपने व्यावसायिक लक्ष्यों और उद्देश्यों को परिभाषित करने में कुछ समय और प्रयास लग सकते हैं, लेकिन यह एक ऐसा निवेश है जो अंत में भुगतान करेगा। स्पष्ट रूप से परिभाषित लक्ष्य और उद्देश्य आपके व्यवसाय को सफल होने में मदद करेंगे।

बाजार अनुसंधान और विश्लेषण करना

बाजार अनुसंधान किसी भी व्यवसाय के लिए एक महत्वपूर्ण उपकरण है। यह आपको अपने बाजार को समझने में मदद करता है, संभावित ग्राहकों की पहचान करता है, और अपने उत्पादों या सेवाओं की मांग का अनुमान लगाता है। बाजार अनुसंधान का उपयोग नए उत्पादों या सेवाओं को विकसित करने के लिए, नए बाजारों में विस्तार करने के लिए और अपने मार्केटिंग अभियानों को अधिक प्रभावी बनाने के लिए भी किया जा सकता है।

बाजार अनुसंधान के प्रकार

कई प्रकार के बाजार अनुसंधान हैं। निम्नलिखित कुछ सबसे सामान्य प्रकार हैं:

- प्राथमिक अनुसंधान: प्राथमिक अनुसंधान में डेटा एकत्र करना शामिल है जो पहले से मौजूद नहीं है। प्राथमिक अनुसंधान के तरीकों में सर्वेक्षण, साक्षात्कार और फोकस समूह शामिल हैं।

- द्वितीयक अनुसंधान: द्वितीयक अनुसंधान में पहले से मौजूद डेटा का उपयोग करना शामिल है। द्वितीयक अनुसंधान के स्रोतों में उद्योग रिपोर्ट, सरकारी डेटा और अकादमिक पेपर शामिल हैं।

बाजार अनुसंधान प्रक्रिया

बाजार अनुसंधान प्रक्रिया में निम्नलिखित चरण शामिल हैं:

1. अपने अनुसंधान के उद्देश्य को परिभाषित करें। आप क्या सीखना चाहते हैं और आपको इस जानकारी की आवश्यकता क्यों है?

2. अपने अनुसंधान डिजाइन का चयन करें। आप किस प्रकार के डेटा का उपयोग करना चाहते हैं? आप डेटा कैसे एकत्र करेंगे?

3. अपना डेटा एकत्र करें। डेटा एकत्र करने के कई तरीके हैं। आप सर्वेक्षण, साक्षात्कार, फोकस समूह या ऑनलाइन स्रोतों का उपयोग कर सकते हैं।

4. अपना डेटा विश्लेषण करें। अपने डेटा का विश्लेषण करने के लिए आप सांख्यिकीय तकनीकों का उपयोग कर सकते हैं।

5. अपने निष्कर्षों की रिपोर्ट करें। अपने निष्कर्षों को अपने हितधारकों को स्पष्ट और संक्षिप्त रूप में प्रस्तुत करें।

बाजार अनुसंधान के लाभ

बाजार अनुसंधान के कई लाभ हैं। निम्नलिखित कुछ सबसे महत्वपूर्ण लाभ हैं:

- बाजार को बेहतर समझना: बाजार अनुसंधान आपको अपने बाजार के रुझानों, पैटर्न और प्राथमिकताओं को समझने में मदद कर सकता है।

- संभावित ग्राहकों की पहचान करना: बाजार अनुसंधान आपको अपने संभावित ग्राहकों की जरूरतों और चाहतों को समझने में मदद कर सकता है।

- अपने उत्पादों या सेवाओं की मांग का अनुमान लगाना: बाजार अनुसंधान आपको अपने उत्पादों या सेवाओं की मांग का अनुमान लगाने में मदद कर सकता है।

- नए उत्पादों या सेवाओं को विकसित करना: बाजार अनुसंधान आपको नए उत्पादों या सेवाओं को विकसित करने में मदद कर सकता है जो आपके लक्ष्य बाजार की जरूरतों को पूरा करती हैं।

- नए बाजारों में विस्तार करना: बाजार अनुसंधान आपको नए बाजारों में विस्तार करने के अवसरों की पहचान करने में मदद कर सकता है।

- अपने मार्केटिंग अभियानों को अधिक प्रभावी बनाना: बाजार अनुसंधान आपको अपने मार्केटिंग अभियानों को अधिक प्रभावी बनाने में मदद कर सकता है।

बाजार अनुसंधान एक महत्वपूर्ण व्यवसायिक उपकरण है। यह आपको अपने बाजार को समझने में मदद कर सकता है, संभावित ग्राहकों की पहचान कर सकता है, और अपने उत्पादों या सेवाओं की मांग का अनुमान लगा सकता है। बाजार अनुसंधान का उपयोग नए उत्पादों या सेवाओं को विकसित करने के लिए, नए बाजारों में विस्तार करने के लिए और अपने मार्केटिंग अभियानों को अधिक प्रभावी बनाने के लिए भी किया जा सकता है।

विस्तृत वित्तीय योजना बनाना

वित्तीय नियोजन आपके वित्तीय लक्ष्यों को प्राप्त करने और आपके भविष्य को सुरक्षित करने का एक महत्वपूर्ण हिस्सा है। एक विस्तृत वित्तीय योजना में आपके आय, व्यय, बचत और निवेशों का विस्तृत विवरण शामिल होना चाहिए। यह योजना आपको यह निर्धारित करने में मदद करेगी कि आप अपने लक्ष्यों को प्राप्त करने के लिए ट्रैक पर हैं या नहीं और आपको अपने वित्त का प्रबंधन करने के लिए एक रोडमैप प्रदान करेगी।

अपनी वित्तीय स्थिति का मूल्यांकन करें

अपनी वित्तीय योजना बनाना शुरू करने से पहले, आपको अपनी वित्तीय स्थिति का मूल्यांकन करना चाहिए। इसमें निम्नलिखित शामिल हैं:

- अपनी आय और व्यय की गणना करें। अपनी आय और व्यय को ट्रैक करने के लिए एक महीने के लिए अपने खर्चों को रिकॉर्ड करें। इससे आपको यह पता चल जाएगा कि आपका पैसा कहां जा रहा है।

- अपने ऋण को सूचीबद्ध करें। अपने सभी ऋणों का प्रकार, शेष और ब्याज दर सूचीबद्ध करें।

- अपनी बचत और निवेशों का मूल्यांकन करें। अपनी बचत और निवेश खातों का बैलेंस जांचें।

अपने वित्तीय लक्ष्यों को निर्धारित करें

अपनी वित्तीय योजना बनाते समय, अपने वित्तीय लक्ष्यों को निर्धारित करना महत्वपूर्ण है। आपके लक्ष्य अल्पकालिक, मध्यम अवधि या दीर्घकालिक हो सकते हैं। कुछ सामान्य वित्तीय लक्ष्यों में शामिल हैं:

- टुकड़ों में भुगतान करना: अपने ऋण का भुगतान करना और अपने वित्तीय बोझ को कम करना।

- एक आपातकालीन निधि बनाना: अपने आपातकालीन खर्चों को पूरा करने के लिए पर्याप्त धनराशि बचाना।

- सेवानिवृत्ति के लिए बचत करना: अपने सेवानिवृत्ति के वर्षों के लिए पर्याप्त धनराशि बचाना।

- बच्चों की शिक्षा के लिए बचत करना: अपने बच्चों की शिक्षा के लिए पर्याप्त धनराशि बचाना।

एक बजट बनाएं

एक बजट आपको आपके आय और व्यय को ट्रैक करने और सुनिश्चित करने में मदद करेगा कि आप अपने पैसे से अधिक खर्च नहीं कर रहे हैं। अपना बजट बनाते समय, निम्नलिखित पर विचार करें:

- अपनी आय का एक हिस्सा बचत के लिए अलग करें। भले ही आप हर महीने बहुत अधिक बचत नहीं कर सकते हैं, कुछ बचत करना बेहतर है कि कुछ भी नहीं।

- अपने खर्चों को कम करने के तरीकों की तलाश करें। आप परिवहन, भोजन या मनोरंजन पर कम खर्च करके अपने खर्चों को कम कर सकते हैं।

- अपने बजट की नियमित रूप से समीक्षा करें। अपनी वित्तीय स्थिति में बदलाव के अनुसार अपने बजट को समायोजित करना सुनिश्चित करें।

अपने निवेशों की योजना बनाएं

अपने वित्तीय लक्ष्यों को प्राप्त करने के लिए, आपको अपने निवेशों की योजना बनाना भी महत्वपूर्ण है। निवेश करने से आप अपने पैसे को समय के साथ बढ़ा सकते हैं। निवेश के कई अलग-अलग प्रकार हैं, जिनमें शामिल हैं:

- स्टॉक: स्टॉक आपको कंपनी में स्वामित्व का हिस्सा देते हैं।

- बॉन्ड: बॉन्ड आपको उधारकर्ता को ऋण देने का एक तरीका प्रदान करते हैं।

- म्यूचुअल फंड: म्यूचुअल फंड पेशेवरों द्वारा प्रबंधित निवेशों का एक पोर्टफोलियो है।

- रियल एस्टेट: रियल एस्टेट में घर, अपार्टमेंट और कॉमर्शियल संपत्तियां शामिल हैं।

एक विपणन और बिक्री रणनीति स्थापित करना

हर सफल व्यवसाय के पीछे एक ठोस विपणन और बिक्री रणनीति होती है। यह रणनीति आपको अपने लक्ष्य बाजार तक पहुंचने में, अपने उत्पादों या सेवाओं के बारे में जागरूकता पैदा करने में और ग्राहकों को आकर्षित करने में मदद करेगी।

विपणन और बिक्री रणनीति के तत्व

एक प्रभावी विपणन और बिक्री रणनीति में निम्नलिखित तत्व शामिल होने चाहिए:

- लक्ष्य बाजार का स्पष्ट समझ: आपको अपने लक्ष्य बाजार को अच्छी तरह से समझने की आवश्यकता है, जिसमें उनकी जरूरतों, इच्छाओं और खरीददारी की आदतें शामिल हैं।

- विपणन उद्देश्यों का स्पष्ट परिभाषा: आपको अपने विपणन उद्देश्यों को स्पष्ट रूप से परिभाषित करने की आवश्यकता है, जैसे कि ब्रांड जागरूकता पैदा करना, लीड जनरेट करना या बिक्री बढ़ाना।

- विपणन संदेशों का स्पष्ट समायोजन: आपको अपने विपणन संदेशों को अपने लक्ष्य बाजार के लिए स्पष्ट रूप से समायोजित करने की आवश्यकता है।

- विपणन चैनलों का प्रभावी उपयोग: आपको अपने लक्ष्य बाजार तक पहुंचने के लिए सही विपणन चैनलों का उपयोग करना चाहिए, जैसे कि सोशल मीडिया, ईमेल मार्केटिंग या सर्च इंजन ऑप्टिमाइजेशन (SEO)।

- बिक्री प्रक्रिया का प्रभावी ढांचा: आपको एक प्रभावी बिक्री प्रक्रिया का ढांचा होना चाहिए जो आपको संभावित ग्राहकों को आकर्षित करने, योग्यता प्राप्त करने और बिक्री बंद करने में मदद करे।

- विपणन और बिक्री परिणामों का मापन: आपको अपने विपणन और बिक्री परिणामों को मापने की आवश्यकता है ताकि आप अपनी रणनीति की प्रभावशीलता का मूल्यांकन कर सकें।

विपणन और बिक्री रणनीति विकसित करने के चरण

विपणन और बिक्री रणनीति विकसित करने के लिए निम्नलिखित चरणों का पालन करें:

1. अपने लक्ष्य बाजार का विश्लेषण करें। अपने लक्ष्य बाजार की जनसांख्यिकीय, जरूरतों, इच्छाओं और खरीददारी की आदतों को समझें।

2. अपने विपणन उद्देश्यों को परिभाषित करें। आप अपने विपणन प्रयासों से क्या हासिल करना चाहते हैं?

3. अपने विपणन संदेशों को विकसित करें। अपने लक्ष्य बाजार से जुड़ने और उन्हें कार्रवाई करने के लिए प्रेरित करने के लिए स्पष्ट और सम्मोहक संदेश बनाएं।

4. अपने विपणन चैनलों का चयन करें। अपने लक्ष्य बाजार तक पहुंचने के लिए सबसे प्रभावी विपणन चैनलों का चयन करें।

5. अपनी बिक्री प्रक्रिया को डिजाइन करें। संभावित ग्राहकों को लीड से बिक्री तक ले जाने के लिए एक कदम-दर-कदम प्रक्रिया विकसित करें।

6. अपने विपणन और बिक्री परिणामों को मापें। अपने विपणन और बिक्री प्रयासों की प्रभावशीलता को मापने के लिए ट्रैकिंग और मापन उपकरणों का उपयोग करें।

विपणन और बिक्री रणनीति का महत्व

एक प्रभावी विपणन और बिक्री रणनीति किसी भी व्यवसाय की सफलता के लिए महत्वपूर्ण है। यह आपको अपने लक्ष्य बाजार तक पहुंचने में, अपने उत्पादों या सेवाओं के बारे में जागरूकता पैदा करने में और ग्राहकों को आकर्षित करने में मदद करेगी। एक ठोस विपणन और बिक्री रणनीति के बिना, आपके व्यवसाय के सफल होने की संभावना कम है।

Chapter 4: Securing funding and resources

Chapter 4: पूंजी और संसाधनों को सुरक्षित करना

विभिन्न वित्त पोषण विकल्पों का पता लगाना, जैसे व्यक्तिगत बचत, ऋण और निवेश

किसी नए व्यवसाय को शुरू करने या विस्तार करने के लिए वित्त पोषण की आवश्यकता होती है। वित्त पोषण के कई विकल्प उपलब्ध हैं, और आपके लिए सबसे अच्छा विकल्प आपके व्यवसाय के विशिष्ट जरूरतों और परिस्थितियों पर निर्भर करेगा।

व्यक्तिगत बचत

व्यक्तिगत बचत आपके व्यवसाय के लिए वित्त पोषण का सबसे आसान और सबसे सुरक्षित स्रोत है। आपको बैंक या निवेशक के पास जाने की आवश्यकता नहीं है, और आपको ब्याज या अन्य शुल्क का भुगतान करने की आवश्यकता नहीं है। हालांकि, व्यक्तिगत बचत का उपयोग सीमित हो सकता है, खासकर यदि आप एक बड़ा व्यवसाय शुरू करना चाहते हैं।

ऋण

ऋण किसी व्यवसाय के लिए वित्त पोषण का एक सामान्य स्रोत है। ऋण प्राप्त करने के लिए, आपको बैंक या अन्य वित्तीय संस्थान से आवेदन करना होगा। यदि आपका आवेदन स्वीकृत हो जाता है, तो आपको एक निश्चित अवधि में ऋण राशि चुकाने के लिए सहमत होना होगा। ब्याज दरें ऋण के प्रकार और आपके क्रेडिट स्कोर के आधार पर भिन्न हो सकती हैं।

निवेश

निवेशकों ऐसे लोग या संस्थान हैं जो आपके व्यवसाय में धन का निवेश करने के लिए इच्छुक हैं। बदले में, उन्हें आपके व्यवसाय में हिस्सेदारी मिलेगी और उन्हें आपके व्यवसाय के मुनाफे से हिस्सा मिलेगा। निवेशकों को ढूंढना मुश्किल हो सकता है, लेकिन वे आपके व्यवसाय के लिए पूंजी का एक महत्वपूर्ण स्रोत हो सकते हैं।

वित्त पोषण विकल्प चुनना

आपके लिए सबसे अच्छा वित्त पोषण विकल्प चुनने के लिए, आपको निम्नलिखित कारकों पर विचार करने की आवश्यकता है:

- आपको कितनी पूंजी की आवश्यकता है? आपके व्यवसाय के लिए आपको कितनी पूंजी की आवश्यकता होगी, यह आपके व्यवसाय के आकार, प्रकार और आपके लक्ष्यों पर निर्भर करेगा।

- आप कब तक पूंजी की उम्मीद कर रहे हैं? यदि आपको तुरंत पूंजी की आवश्यकता है, तो व्यक्तिगत बचत या ऋण एक अच्छा विकल्प हो सकता है। यदि आप लंबे समय तक पूंजी की उम्मीद कर रहे हैं, तो निवेश एक अच्छा विकल्प हो सकता है।

- आपकी वित्तीय स्थिति क्या है? यदि आपका क्रेडिट स्कोर अच्छा है, तो आपको कम ब्याज दर पर ऋण मिल सकता है। यदि आपके पास बहुत अधिक व्यक्तिगत बचत नहीं है, तो आपको निवेशकों की तलाश करने की आवश्यकता हो सकती है।

- आप अपने व्यवसाय को कैसे चलाना चाहते हैं? यदि आप अपने व्यवसाय पर पूरा नियंत्रण रखना चाहते हैं, तो व्यक्तिगत बचत या ऋण एक अच्छा विकल्प हो सकता है। यदि आप अपने व्यवसाय

का तेजी से विस्तार करना चाहते हैं, तो निवेश एक अच्छा विकल्प हो सकता है।

एक मजबूत टीम का निर्माण करना, जिसमें परस्पर पूरक कौशल और विशेषज्ञता हों

किसी भी संगठन की सफलता के लिए एक मजबूत टीम अनिवार्य है। एक मजबूत टीम में ऐसे लोग शामिल होते हैं जो अपने संबंधित क्षेत्रों में कुशल और अनुभवी हैं और परस्पर पूरक कौशल और विशेषज्ञता रखते हैं। यह टीम के सदस्यों को एक दूसरे की ताकतों का लाभ उठाने और एक साथ मिलकर काम करने में सक्षम बनाता है।

एक मजबूत टीम के लक्षण

एक मजबूत टीम में निम्नलिखित लक्षण होते हैं:

- स्पष्ट लक्ष्य और उद्देश्य: टीम के सदस्यों को स्पष्ट रूप से पता होना चाहिए कि वे क्या हासिल करना चाहते हैं और क्यों।

- स्पष्ट भूमिकाएं और जिम्मेदारियां: टीम के प्रत्येक सदस्य को उनके योगदान के बारे में स्पष्ट जानकारी होनी चाहिए।

- अच्छा संचार: टीम के सदस्यों को एक दूसरे के साथ खुले, ईमानदार और सम्मानजनक तरीके से संवाद करने में सक्षम होना चाहिए।

- सहयोग और टीमवर्क: टीम के सदस्यों को एक दूसरे की सफलता के लिए प्रतिबद्ध होना चाहिए और एक साथ काम करने के लिए इच्छुक होना चाहिए।

- संघर्ष समाधान कौशल: टीम के सदस्यों को संघर्षों को रचनात्मक तरीके से हल करने में सक्षम होना चाहिए।

एक मजबूत टीम का निर्माण कैसे करें

एक मजबूत टीम का निर्माण करने के लिए, आपको निम्नलिखित कदम उठाने चाहिए:

1. सही लोगों को चुनें: सही लोगों को चुनना किसी मजबूत टीम का निर्माण करने का सबसे महत्वपूर्ण कदम है। आपको ऐसे लोगों की तलाश करनी चाहिए जो आपके संगठन के मूल्यों और संस्कृति के अनुरूप हों और परस्पर पूरक कौशल और विशेषज्ञता रखते हों।

2. स्पष्ट लक्ष्य और उद्देश्य निर्धारित करें: एक बार जब आप अपनी टीम के सदस्यों को चुन लेते हैं, तो आपको स्पष्ट लक्ष्य और उद्देश्य निर्धारित करने की आवश्यकता है। टीम के सदस्यों को यह स्पष्ट रूप से पता होना चाहिए कि वे क्या हासिल करना चाहते हैं और क्यों।

3. स्पष्ट भूमिकाएं और जिम्मेदारियां सौंपें: टीम के प्रत्येक सदस्य को उनके योगदान के बारे में स्पष्ट जानकारी होनी चाहिए। आपको प्रत्येक टीम के सदस्य को विशिष्ट भूमिकाएं और जिम्मेदारियां सौंपनी चाहिए।

4. अच्छे संचार को बढ़ावा दें: अच्छे संचार के बिना एक मजबूत टीम का निर्माण करना असंभव है। आपको टीम के सदस्यों को एक दूसरे के साथ खुले, ईमानदार और सम्मानजनक तरीके से संवाद करने के लिए प्रोत्साहित करना चाहिए।

5. सहयोग और टीमवर्क को बढ़ावा दें: सहयोग और टीमवर्क एक मजबूत टीम के लिए आवश्यक हैं। आपको टीम के सदस्यों को एक दूसरे की सफलता के लिए प्रतिबद्ध होना चाहिए और एक साथ काम करने के लिए प्रोत्साहित करना चाहिए।

6. संघर्ष समाधान कौशल विकसित करें: किसी भी टीम में संघर्ष होना स्वाभाविक है। आपको टीम के सदस्यों को संघर्षों को रचनात्मक तरीके से हल करने में सक्षम बनाने के लिए प्रशिक्षण प्रदान करना चाहिए।

7. प्रतिपुष्टि और मान्यता प्रदान करें: टीम के सदस्यों को उनके योगदान के लिए प्रतिपुष्टि और मान्यता प्रदान करना सुनिश्चित करें। यह टीम के सदस्यों को प्रेरित करने और उनके काम में गर्व महसूस करने में मदद करेगा।

8. टीम निर्माण गतिविधियों का आयोजन करें: टीम निर्माण गतिविधियाँ टीम के सदस्यों को एक दूसरे को बेहतर तरीके से जानने और उनके बीच विश्वास और संबंध बनाने में मदद कर सकती हैं।

9. नियमित रूप से टीम की बैठकें करें: नियमित रूप से टीम की बैठकें करने से टीम के सदस्यों को प्रगति पर चर्चा करने और समस्याओं का समाधान करने का मौका मिलता है।

अपने व्यवसाय के लिए एक कानूनी ढांचा स्थापित करना

किसी भी व्यवसाय को शुरू करने से पहले, यह महत्वपूर्ण है कि आप एक कानूनी ढांचा स्थापित करें। यह महत्वपूर्ण है क्योंकि यह आपके व्यवसाय को व्यक्तिगत देयता से बचाता है और आपको करों, अनुपालन और अन्य कानूनी आवश्यकताओं को पूरा करने में मदद करता है।

कानूनी संरचना के प्रकार

कई प्रकार के कानूनी ढांचे हैं जिनमें से आप अपने व्यवसाय के लिए चुन सकते हैं। कुछ सबसे सामान्य प्रकारों में शामिल हैं:

- एकल स्वामित्व: एक एकल स्वामित्व सबसे सरल प्रकार की कानूनी संरचना है। यह एक व्यक्ति द्वारा स्वामित्व और संचालित व्यवसाय है। एक एकल स्वामित्व में, व्यवसाय के मालिक व्यक्तिगत रूप से व्यवसाय के ऋणों और देयताओं के लिए उत्तरदायी हैं।

- साझेदारी: एक साझेदारी दो या दो से अधिक व्यक्तियों द्वारा स्वामित्व और संचालित व्यवसाय है। साझेदारी में, साझेदार व्यवसाय के ऋणों और देयताओं के लिए व्यक्तिगत रूप से उत्तरदायी हैं।

- निगम: एक निगम एक अलग कानूनी इकाई है जो अपने मालिकों से अलग है। एक निगम में, निगम के शेयरधारक निगम के ऋणों और देयताओं के लिए व्यक्तिगत रूप से उत्तरदायी नहीं हैं।

- एलएलसी: एक एलएलसी एक प्रकार की साझेदारी है जो एक निगम के कुछ लाभों के साथ साझेदारी के लाभों को जोड़ती है। एक एलएलसी में, सदस्य व्यवसाय के ऋणों और देयताओं के लिए व्यक्तिगत रूप से उत्तरदायी नहीं हैं।

आपके व्यवसाय के लिए सही कानूनी संरचना का चयन कैसे करें

आपके व्यवसाय के लिए सही कानूनी संरचना का चयन आपके व्यवसाय के आकार, प्रकार और आपके व्यक्तिगत लक्ष्यों पर निर्भर करेगा। कुछ कारक जो आपको विचार करने की आवश्यकता हैं:

- आपका व्यवसाय कितना बड़ा है? यदि आपका व्यवसाय छोटा है, तो एक एकल स्वामित्व या साझेदारी एक अच्छा विकल्प हो सकता है। यदि आपका व्यवसाय बड़ा है, तो एक निगम या एलएलसी एक बेहतर विकल्प हो सकता है।

- आपका व्यवसाय किस प्रकार का है? यदि आपका व्यवसाय उच्च जोखिम वाले उद्योग में है, तो एक निगम या एलएलसी आपके व्यवसाय को व्यक्तिगत देयता से बचाएगा।

- आपके व्यक्तिगत लक्ष्य क्या हैं? यदि आप अपने व्यवसाय से जल्दी लाभ लेना चाहते हैं, तो एक एकल स्वामित्व या साझेदारी एक अच्छा विकल्प हो सकता है। यदि आप अपने व्यवसाय को लंबे समय तक चलाना चाहते हैं और निवेशकों को आकर्षित करना चाहते हैं, तो एक निगम या एलएलसी एक बेहतर विकल्प हो सकता है।

कानूनी संरचना स्थापित करने के चरण

कानूनी संरचना स्थापित करने के चरण आपके द्वारा चुने गए कानूनी संरचना के प्रकार के आधार पर भिन्न हो सकते हैं। हालांकि, कुछ सामान्य चरणों में शामिल हैं:

- अपने व्यवसाय का नाम चुनें: अपने व्यवसाय के लिए एक नाम चुनें जो अद्वितीय है और आपके व्यवसाय का वर्णन करता है।

- अपने व्यवसाय को पंजीकृत करें: अपने व्यवसाय को अपने राज्य या नगरपालिका के साथ पंजीकृत करें।

- एक कर पहचान संख्या प्राप्त करें: अपनी कर पहचान संख्या प्राप्त करने के लिए आईआरएस के साथ आवेदन करें।

- एक व्यवसाय बैंक खाता खोलें: अपने व्यवसाय के लिए एक अलग बैंक खाता खोलें।

- कानूनी दस्तावेजों को पूरा करें: अपने व्यवसाय के प्रकार के आधार पर, आपको कुछ कानूनी दस्तावेजों को पूरा करने की आवश्यकता होगी, जैसे कि एक साझेदारी समझौता या एक निगम के लेख।

Chapter 5: Launching and managing your business

Chapter 5: अपना व्यवसाय लॉन्च करना और प्रबंधित करना

प्रभावी विपणन और बिक्री अभियान विकसित करना

हर सफल व्यवसाय के पीछे एक ठोस विपणन और बिक्री रणनीति होती है। यह रणनीति आपको अपने लक्ष्य बाजार तक पहुंचने में, अपने उत्पादों या सेवाओं के बारे में जागरूकता पैदा करने में और ग्राहकों को आकर्षित करने में मदद करेगी।

विपणन और बिक्री अभियान क्या है?

एक विपणन और बिक्री अभियान एक संगठित प्रयास है जो बिक्री बढ़ाने के लिए लक्ष्यों को निर्धारित करता है, लक्ष्य बाजारों की पहचान करता है, संचार रणनीतियाँ विकसित करता है और प्रगति को मापता है।

विपणन और बिक्री अभियान के चरण

एक प्रभावी विपणन और बिक्री अभियान विकसित करने के लिए, आपको निम्नलिखित चरणों का पालन करना चाहिए:

1. लक्ष्य निर्धारित करें: अपने विपणन और बिक्री अभियान के लिए स्पष्ट लक्ष्य निर्धारित करना महत्वपूर्ण है। आप क्या हासिल करना चाहते हैं? क्या आप बिक्री बढ़ाना चाहते हैं? अधिक लीड जेनरेट करना चाहते हैं? ब्रांड जागरूकता बढ़ाना चाहते हैं?

2. लक्ष्य बाजार की पहचान करें: अपने लक्ष्य बाजार की स्पष्ट पहचान करना महत्वपूर्ण है। आप किसे बेच रहे हैं? आपके आदर्श ग्राहक कौन हैं? उनकी जरूरतें, इच्छाएं और खरीददारी की आदतें क्या हैं?

3. विपणन संदेश विकसित करें: आपके विपणन संदेश स्पष्ट, सम्मोहक और आपके लक्ष्य बाजार के लिए प्रासंगिक होने चाहिए। आपका संदेश आपके उत्पाद या सेवा के लाभों को स्पष्ट रूप से बताना चाहिए और आपके लक्ष्य बाजार को कार्रवाई करने के लिए प्रेरित करना चाहिए।

4. विपणन चैनलों का चयन करें: अपने विपणन चैनलों को ध्यान से चुनें। आपको उन चैनलों का उपयोग करना चाहिए जो आपके लक्ष्य बाजार तक पहुंचने में सबसे प्रभावी हैं। कुछ सामान्य विपणन चैनलों में सोशल मीडिया, ईमेल मार्केटिंग, सर्च इंजन ऑप्टिमाइजेशन (SEO) और पे-पर-क्लिक (PPC) विज्ञापन शामिल हैं।

5. बिक्री प्रक्रिया विकसित करें: एक प्रभावी बिक्री प्रक्रिया आपके लीड को बिक्री में बदलने में मदद करेगी। आपकी बिक्री प्रक्रिया में लीड की पहचान करना, योग्यता प्राप्त करना, प्रस्तुति करना और बिक्री बंद करना शामिल होना चाहिए।

6. विपणन और बिक्री परिणामों को मापें: आपके विपणन और बिक्री अभियान के परिणामों को मापना महत्वपूर्ण है ताकि आप अपनी रणनीति की प्रभावशीलता का मूल्यांकन कर सकें। आप ट्रैकिंग और मापन उपकरणों का उपयोग कर सकते हैं जैसे कि वेबसाइट ट्रैफ़िक, लीड जनरेशन, बिक्री और ग्राहक संतुष्टि।

विपणन और बिक्री अभियान के उदाहरण

विपणन और बिक्री अभियान कई प्रकार के हो सकते हैं। कुछ सामान्य उदाहरणों में शामिल हैं:

- ब्रांड जागरूकता अभियान: ये अभियान आपके ब्रांड के बारे में जागरूकता पैदा करने में मदद करते हैं और ब्रांड के प्रति सकारात्मक धारणा बनाते हैं।

- लीड जनरेशन अभियान: ये अभियान संभावित ग्राहकों को आकर्षित करने में मदद करते हैं जो आपके उत्पाद या सेवा में रुचि रखते हैं।

- बिक्री अभियान: ये अभियान संभावित ग्राहकों को आपके उत्पाद या सेवा को खरीदने के लिए प्रेरित करते हैं।

- ग्राहक वफादारी अभियान: ये अभियान मौजूदा ग्राहकों को बनाए रखने और उनकी वफादारी बढ़ाने में मदद करते हैं।

अति उत्कृष्ट ग्राहक सेवा प्रदान करना

हर व्यवसाय की सफलता के लिए उत्कृष्ट ग्राहक सेवा महत्वपूर्ण है। जब ग्राहक आपके व्यवसाय के साथ अच्छा महसूस करते हैं, तो वे अधिक बार वापस आएंगे और अन्य लोगों को आपके व्यवसाय के बारे में बताएंगे।

उत्कृष्ट ग्राहक सेवा के लाभ

उत्कृष्ट ग्राहक सेवा के कई लाभ हैं, जिनमें शामिल हैं:

- बढ़ी हुई बिक्री: जब ग्राहक आपके व्यवसाय के साथ अच्छा महसूस करते हैं, तो वे आपके उत्पादों या सेवाओं को खरीदने की अधिक संभावना रखते हैं।

- ग्राहक वफादारी: उत्कृष्ट ग्राहक सेवा आपके ग्राहकों को आपके व्यवसाय के प्रति वफादार बनाने में मदद करेगी। वफादार ग्राहक अधिक बार वापस आएंगे और अधिक पैसा खर्च करेंगे।

- सकारात्मक ब्रांड छवि: उत्कृष्ट ग्राहक सेवा आपके ब्रांड की छवि को बढ़ा सकती है और प्रतिस्पर्धा में आपके व्यवसाय को अलग कर सकती है।

- कर्मचारी संतुष्टि: जब कर्मचारी ग्राहकों की मदद करने में सक्षम होते हैं और उनकी सराहना की जाती है, तो वे अधिक संतुष्ट और प्रेरित होते हैं।

उत्कृष्ट ग्राहक सेवा कैसे प्रदान करें

उत्कृष्ट ग्राहक सेवा प्रदान करने के कई तरीके हैं, जिनमें शामिल हैं:

- अपने ग्राहकों को सुनें: अपने ग्राहकों को सुनें और उनकी जरूरतों को समझें। जब ग्राहक महसूस करते हैं कि आप उनकी सुन रहे हैं, तो वे आपके व्यवसाय के प्रति अधिक सकारात्मक महसूस करेंगे।

- समस्याओं का समाधान करने में त्वरित और सहायक बनें: जब ग्राहकों को समस्या होती है, तो उन्हें जल्द से जल्द और मददगार तरीके से हल करने में मदद करें।

- दुबारा कदम न उठाएं: अपने ग्राहकों की जानकारी को अपने सिस्टम में सुरक्षित रखें ताकि उन्हें बार-बार एक ही जानकारी प्रदान न करनी पड़े।

- अपने कर्मचारियों को प्रशिक्षित करें: अपने कर्मचारियों को उत्कृष्ट ग्राहक सेवा प्रदान करने के लिए प्रशिक्षित करें। उन्हें ग्राहकों के साथ बातचीत करने का तरीका सीखने में मदद करें, समस्याओं का समाधान कैसे करें और तनावपूर्ण स्थितियों को कैसे संभालें।

- अपने ग्राहकों की प्रतिक्रिया सुनें: अपने ग्राहकों की प्रतिक्रिया सुनें और उनके सुझावों पर कार्रवाई करें। इससे पता चलता है कि आप उनके व्यवसाय को महत्व देते हैं।

- अपने ग्राहकों को पुरस्कृत करें: अपने वफादार ग्राहकों को पुरस्कृत करें ताकि उन्हें आपके व्यवसाय के साथ बने रहने के लिए प्रोत्साहित किया जा सके।

उत्कृष्ट ग्राहक सेवा प्रदान करने के लिए उपकरण

उत्कृष्ट ग्राहक सेवा प्रदान करने में आपकी मदद करने के लिए कई टूल उपलब्ध हैं, जिनमें शामिल हैं:

- सीआरएम सॉफ्टवेयर: सीआरएम सॉफ्टवेयर आपको अपने ग्राहकों के साथ बातचीत को ट्रैक करने और उनकी जानकारी को स्टोर करने में मदद कर सकता है।

- सहायता डेस्क सॉफ्टवेयर: सहायता डेस्क सॉफ़्टवेयर आपको ग्राहक प्रश्नों का प्रबंधन करने और उनका समाधान करने में मदद कर सकता है।

- सर्वेक्षण उपकरण: सर्वेक्षण उपकरण आपको अपने ग्राहकों की राय एकत्र करने में मदद कर सकते हैं।

- चैटबॉट्स: चैटबॉट्स आपको अपने ग्राहकों की 24/7 सहायता प्रदान करने में मदद कर सकते हैं।

निष्कर्ष

उत्कृष्ट ग्राहक सेवा प्रदान करना किसी भी व्यवसाय की सफलता के लिए महत्वपूर्ण है। जब ग्राहक आपके व्यवसाय के साथ अच्छा महसूस करते हैं, तो वे आपके उत्पादों या सेवाओं को खरीदने की अधिक संभावना रखते हैं और अन्य लोगों को आपके व्यवसाय के बारे में बताएंगे। उत्कृष्ट ग्राहक सेवा प्रदान करने के कई तरीके हैं, और आप अपनी सहायता के लिए कई टूल का उपयोग कर सकते हैं।

अपने वित्त और परिचालन को कुशलतापूर्वक प्रबंधित करना

किसी भी व्यवसाय की सफलता के लिए कुशल वित्तीय और परिचालन प्रबंधन आवश्यक है। प्रभावी वित्तीय प्रबंधन आपको अपने व्यवसाय के धन प्रवाह को नियंत्रित करने, अपने वित्तीय लक्ष्यों को प्राप्त करने और अपने व्यवसाय को दीर्घकालिक सफलता के लिए स्थापित करने में मदद करेगा। कुशल परिचालन प्रबंधन आपको अपने व्यवसाय की प्रक्रियाओं को सुव्यवस्थित करने, लागतों को कम करने और दक्षता बढ़ाने में मदद करेगा।

वित्तीय प्रबंधन

कुशल वित्तीय प्रबंधन में निम्नलिखित शामिल हैं:

- आय और व्यय का ट्रैकिंग: अपने व्यवसाय की आय और व्यय का सावधानीपूर्वक ट्रैक करना महत्वपूर्ण है ताकि आप समझ सकें कि आपका पैसा कहाँ जा रहा है।

- बजट बनाना और उसका पालन करना: अपने व्यवसाय के लिए एक बजट बनाने से आपको अपने खर्चों को नियंत्रित करने और अपने वित्तीय लक्ष्यों को प्राप्त करने में मदद मिलेगी।

- नकदी प्रवाह का प्रबंधन: आपके व्यवसाय का नकदी प्रवाह आपकी सबसे महत्वपूर्ण संपत्तियों में से एक है। सुनिश्चित करें कि आपके पास अपने खर्चों का भुगतान करने के लिए पर्याप्त नकदी है।

- लाभ मार्जिन में सुधार: अपने लाभ मार्जिन में सुधार करने से आपको अपने व्यवसाय से अधिक लाभ कमाने में मदद मिलेगी।

- वित्तीय जोखिम का प्रबंधन: अपने व्यवसाय के वित्तीय जोखिमों को समझना और उनका प्रबंधन करना महत्वपूर्ण है।

परिचालन प्रबंधन

कुशल परिचालन प्रबंधन में निम्नलिखित शामिल हैं:

- प्रक्रिया प्रबंधन: अपने व्यवसाय की प्रक्रियाओं को सुव्यवस्थित करने से आपको दक्षता बढ़ाने और लागतों को कम करने में मदद मिलेगी।

- परियोजना प्रबंधन: यदि आपका व्यवसाय परियोजनाओं पर काम करता है, तो प्रभावी परियोजना प्रबंधन सुनिश्चित करेगा कि परियोजनाएं समय पर, बजट के भीतर और गुणवत्ता से कम न हों।

- इन्वेंट्री प्रबंधन: प्रभावी इन्वेंट्री प्रबंधन आपको अपने इन्वेंट्री स्तरों को नियंत्रित करने और स्टॉकआउट और ओवरस्टॉक से बचने में मदद करेगा।

- गुणवत्ता प्रबंधन: प्रभावी गुणवत्ता प्रबंधन सुनिश्चित करेगा कि आपके उत्पाद और सेवाएं उच्च गुणवत्ता वाले हैं और आपके ग्राहकों की अपेक्षाओं को पूरा करती हैं।

- कार्यबल प्रबंधन: प्रभावी कार्यबल प्रबंधन आपको अपने कर्मचारियों को उत्पादक और व्यस्त रखने में मदद करेगा।

वित्तीय और परिचालन प्रबंधन के लिए उपकरण

वित्तीय और परिचालन प्रबंधन में आपकी मदद करने के लिए कई टूल उपलब्ध हैं, जिनमें शामिल हैं:

- अकाउंटिंग सॉफ्टवेयर: अकाउंटिंग सॉफ्टवेयर आपको अपने वित्त को ट्रैक करने और रिपोर्ट बनाने में मदद कर सकता है।

- प्रोजेक्ट मैनेजमेंट सॉफ्टवेयर: प्रोजेक्ट मैनेजमेंट सॉफ्टवेयर आपको अपने प्रोजेक्टों को योजना बनाने, व्यवस्थित करने और ट्रैक करने में मदद कर सकता है।

- इन्वेंटरी मैनेजमेंट सॉफ्टवेयर: इन्वेंटरी मैनेजमेंट सॉफ्टवेयर आपको अपने इन्वेंट्री स्तरों को ट्रैक करने और ऑर्डर करने में मदद कर सकता है।

- क्वालिटी मैनेजमेंट सॉफ्टवेयर: क्वालिटी मैनेजमेंट सॉफ्टवेयर आपको अपने उत्पादों और सेवाओं की गुणवत्ता को ट्रैक और सुधारने में मदद कर सकता है।

- एचआर सॉफ्टवेयर: एचआर सॉफ्टवेयर आपको अपने कर्मचारियों की जानकारी को ट्रैक करने और पेरोल का प्रबंधन करने में मदद कर सकता है।

बदलते बाजार की स्थिति और चुनौतियों के अनुकूलन

आज के तेजी से बदलते कारोबारी माहौल में, व्यवसायों को जीवित रहने और सफल होने के लिए बदलते बाजार की स्थितियों और चुनौतियों के अनुकूल होना आवश्यक है। इसका तात्पर्य यह है कि व्यवसायों को अपने बाजार के रुझानों, ग्राहक की जरूरतों और प्रौद्योगिकी में बदलावों के साथ तालमेल बिठाना चाहिए। साथ ही, व्यवसायों को अप्रत्याशित घटनाओं जैसे कि प्राकृतिक आपदाओं और आर्थिक मंदी से भी निपटने में सक्षम होना चाहिए।

बदलते बाजार की स्थितियों के लक्षण

बदलते बाजार की स्थितियों के कुछ लक्षणों में शामिल हैं:

- नए प्रतियोगियों का उदय: नए प्रतियोगियों के प्रवेश से बाजार में प्रतिस्पर्धा बढ़ सकती है और कीमतों पर दबाव डाल सकती है।

- बदलते ग्राहक रुझान: ग्राहकों की ज़रूरतें और प्राथमिकताएँ समय के साथ बदल सकती हैं। व्यवसायों को इन परिवर्तनों के साथ तालमेल बिठाना चाहिए और ग्राहकों की अपेक्षाओं को पूरा करने वाले उत्पादों और सेवाओं की पेशकश करनी चाहिए।

- प्रौद्योगिकी में बदलाव: प्रौद्योगिकी में तेजी से बदलाव हो रहे हैं, जो व्यवसायों के संचालन के तरीके को बदल सकते हैं। व्यवसायों को इन परिवर्तनों को अपनाने के लिए लचीला होना चाहिए और नए अवसरों का लाभ उठाने में सक्षम होना चाहिए।

- आर्थिक परिवर्तन: आर्थिक स्थिति में बदलाव, जैसे कि मंदी या मुद्रास्फीति, व्यवसायों को उनके व्यापारिक मॉडल और खर्च में बदलाव करने के लिए मजबूर कर सकती है।

बदलते बाजार की स्थितियों से निपटने के लिए रणनीतियाँ

बदलते बाजार की स्थितियों से निपटने के लिए कई रणनीतियाँ हैं, जिनमें शामिल हैं:

- बाज़ार अनुसंधान करना: नियमित रूप से बाजार अनुसंधान करने से व्यवसायों को बाजार के रुझानों और ग्राहक की जरूरतों को समझने में मदद मिल सकती है। इससे व्यवसायों को अपने उत्पादों और सेवाओं को बदलने और नए अवसरों को पहचानने में मदद मिल सकती है।

- लचीला होना: व्यवसायों को बदलते बाजार की स्थितियों के अनुकूल होने के लिए लचीला होना चाहिए। इसका मतलब यह हो सकता है कि नए उत्पादों और सेवाओं को लॉन्च करना, नए बाजारों में विस्तार करना या अपने व्यापारिक मॉडल को बदलना।

- नवोन्मेषी होना: व्यवसायों को नवाचार करने और नए उत्पादों और सेवाओं को विकसित करने की आवश्यकता है जो ग्राहकों की जरूरतों को पूरा करते हैं और प्रतिस्पर्धा से अलग होते हैं।

- अपने ग्राहकों के साथ संवाद करना: व्यवसायों को अपने ग्राहकों के साथ संवाद करना चाहिए और उनकी प्रतिक्रिया सुननी चाहिए। इससे व्यवसायों को अपने उत्पादों और सेवाओं में सुधार करने और ग्राहकों की संतुष्टि बढ़ाने में मदद मिल सकती है।

- एक मजबूत टीम बनाना: एक मजबूत टीम जिसमें विभिन्न कौशल और अनुभव वाले लोग शामिल हैं, व्यवसायों को बदलते बाजार की स्थितियों के अनुकूल होने में मदद कर सकती है।

अप्रत्याशित घटनाओं से निपटने के लिए तैयारी

अप्रत्याशित घटनाओं से निपटने के लिए तैयारी करना महत्वपूर्ण है, जैसे कि प्राकृतिक आपदाएँ, आर्थिक मंदी या साइबर हमले। व्यवसायों को एक आपदा रिकवरी योजना होनी चाहिए जो उन्हें इन घटनाओं से निपटने और व्यवसाय को जल्द से जल्द बहाल करने में मदद करेगी।

Chapter 6: Growing and scaling your Business

Chapter 6: अपना व्यवसाय बढ़ाना और उसका पैमाना बढ़ाना

विस्तार के अवसरों की पहचान

अपने व्यवसाय का विस्तार करना किसी भी उद्यमी के सपनों का हिस्सा होता है। लेकिन विस्तार का रास्ता चुनौतियों से भरा हो सकता है। गलत कदम उठाने से आप अपने व्यवसाय को बर्बाद कर सकते हैं। इसीलिए, यह महत्वपूर्ण है कि आप विस्तार के अवसरों की सावधानीपूर्वक पहचान करें और एक ठोस योजना बनाएं।

विस्तार के अवसरों की पहचान के लिए कदम

विस्तार के अवसरों की पहचान के लिए कई कदम हैं, जिनमें शामिल हैं:

1. अपने बाजार का विश्लेषण करें: अपने बाजार का सावधानीपूर्वक विश्लेषण करें ताकि आप अपने ग्राहकों की जरूरतों और रुझानों को समझ सकें। इससे आपको यह निर्धारित करने में मदद मिलेगी कि आपके उत्पादों या सेवाओं के लिए नए बाजार या नए ग्राहक खंड मौजूद हैं या नहीं।

2. अपने प्रतिस्पर्धियों का विश्लेषण करें: अपने प्रतिस्पर्धियों का विश्लेषण करें ताकि आप उनकी ताकत और कमजोरियों को समझ सकें। इससे आपको यह निर्धारित करने में मदद मिलेगी कि क्या आप अपने बाजार में प्रतिस्पर्धात्मक लाभ हासिल कर सकते हैं।

3. अपने व्यवसाय की ताकत और कमजोरियों का विश्लेषण करें: अपने व्यवसाय की ताकत और कमजोरियों का ईमानदार विश्लेषण करें। इससे आपको यह निर्धारित करने में मदद मिलेगी कि क्या आपके पास विस्तार के लिए आवश्यक संसाधन और क्षमताएं हैं।

4. अपने लक्ष्यों को निर्धारित करें: अपने विस्तार के लक्ष्यों को स्पष्ट रूप से निर्धारित करें। आप क्या हासिल करना चाहते हैं? बिक्री बढ़ाना? बाजार में हिस्सेदारी बढ़ाना? नए बाजारों में प्रवेश करना?

5. एक विस्तार योजना बनाएं: एक विस्तार योजना बनाएं जो आपके लक्ष्यों को प्राप्त करने के लिए एक स्पष्ट रोडमैप प्रदान करे। आपकी योजना में निम्नलिखित शामिल होनी चाहिए:

• आप किन बाजारों में विस्तार करना चाहते हैं?

• आप किन उत्पादों या सेवाओं का विस्तार करना चाहते हैं?

• आप कैसे विस्तार करना चाहते हैं? (उदाहरण के लिए, नए स्थान खोलना, नए वितरण चैनल स्थापित करना)

• आप विस्तार के लिए कितना धन आवंटित करने के इच्छुक हैं?

• आप विस्तार के लिए कितना समय देना चाहते हैं?

विस्तार के अवसरों के प्रकार

विस्तार के कई अवसर हैं, जिनमें शामिल हैं:

• नए बाजारों में प्रवेश करना: नए बाजारों में प्रवेश करना आपके व्यवसाय के लिए विकास का एक बड़ा अवसर हो सकता है। लेकिन यह महत्वपूर्ण है कि आप उन बाजारों का चयन करें जो

आपके उत्पादों या सेवाओं के लिए उपयुक्त हैं और जहां आप प्रतिस्पर्धात्मक लाभ प्राप्त कर सकते हैं।

- नए उत्पादों या सेवाओं का विकास: नए उत्पादों या सेवाओं का विकास आपके व्यवसाय के लिए राजस्व के नए स्रोत पैदा कर सकता है और आपको अपने बाजार में हिस्सेदारी बढ़ाने में मदद कर सकता है। लेकिन यह महत्वपूर्ण है कि आप ऐसे उत्पादों या सेवाओं का विकास करें जो आपके मौजूदा ग्राहकों की जरूरतों को पूरा करते हैं और बाजार में मांग है।

- अपने ग्राहक आधार का विस्तार करना: अपने ग्राहक आधार का विस्तार करना आपके व्यवसाय के लिए राजस्व बढ़ाने का एक शानदार तरीका है। आप नए ग्राहकों को आकर्षित करने के लिए कई तरह के तरीकों का इस्तेमाल कर सकते हैं, जैसे कि मार्केटिंग, बिक्री और ग्राहक सेवा।

- नए वितरण चैनल स्थापित करना: नए वितरण चैनल स्थापित करना आपको अपने उत्पादों या सेवाओं को अधिक ग्राहकों तक पहुंचाने में मदद कर सकता है। आप अपने उत्पादों या सेवाओं को ऑनलाइन, खुदरा विक्रेताओं के माध्यम से या सीधे ग्राहकों को बेच सकते हैं।

साझेदारी और रणनीतिक गठबंधन का निर्माण

व्यापार जगत में, साझेदारी और रणनीतिक गठबंधन कंपनियों को अपने लक्ष्यों को प्राप्त करने और बाजार में सफलता हासिल करने में मदद करने के लिए महत्वपूर्ण उपकरण हो सकते हैं। एक मजबूत साझेदारी कंपनियों को संसाधनों को साझा करने, नई तकनीकों तक पहुंच प्राप्त करने और नए बाजारों में प्रवेश करने में मदद कर सकती है।

साझेदारी और रणनीतिक गठबंधन के लाभ

साझेदारी और रणनीतिक गठबंधन के कई लाभ हैं, जिनमें शामिल हैं:

- संसाधनों का साझाकरण: साझेदारी कंपनियों को वित्तीय संसाधनों, तकनीकी विशेषज्ञता और अन्य संसाधनों को साझा करने में सक्षम बनाती हैं। इससे कंपनियों को विकास के लिए आवश्यक निवेश करने और नए उत्पादों और सेवाओं को विकसित करने में मदद मिल सकती है।

- नई तकनीकों तक पहुंच: साझेदारी कंपनियों को नई तकनीकों तक पहुंच प्राप्त करने में मदद कर सकती हैं। इससे कंपनियों को अपने उत्पादों और सेवाओं को बेहतर बनाने और प्रतिस्पर्धा में बनाए रखने में मदद मिल सकती है।

- नए बाजारों में प्रवेश: साझेदारी कंपनियों को नए बाजारों में प्रवेश करने में मदद कर सकती हैं। इससे कंपनियों को नए ग्राहकों तक पहुंचने और अपने राजस्व में वृद्धि करने में मदद मिल सकती है।

- जोखिम में कमी: साझेदारी कंपनियों को जोखिम कम करने में मदद कर सकती हैं। जब कंपनियां संसाधनों और जोखिमों को

साझा करती हैं, तो उनमें से किसी एक कंपनी के लिए जोखिम कम हो जाता है।

साझेदारी और रणनीतिक गठबंधन के प्रकार

साझेदारी और रणनीतिक गठबंधन के कई प्रकार हैं, जिनमें शामिल हैं:

- संयुक्त उद्यम: एक संयुक्त उद्यम दो या दो से अधिक कंपनियों के बीच एक समझौता है जो एक नया व्यवसाय शुरू करने के लिए संसाधनों और जोखिमों को साझा करती है।

- रणनीतिक साझेदारी: एक रणनीतिक साझेदारी दो या दो से अधिक कंपनियों के बीच एक समझौता है जो एक दूसरे के उत्पादों या सेवाओं को बेचने या एक दूसरे के साथ सहयोग करने के लिए अन्य परियोजनाओं पर काम करने के लिए सहमत होती हैं।

- लाइसेंसिंग: लाइसेंसिंग एक कंपनी को दूसरी कंपनी को अपनी बौद्धिक संपत्ति, जैसे कि पेटेंट, ट्रेडमार्क या कॉपीराइट, का उपयोग करने का अधिकार देने का अभ्यास है।

- फ्रेंचाइज़िंग: फ्रैंचाइज़िंग एक कंपनी को दूसरी कंपनी को अपने ब्रांड नाम और व्यापार मॉडल का उपयोग करने का अधिकार देने का अभ्यास है।

- आउटसोर्सिंग: आउटसोर्सिंग एक कंपनी द्वारा किसी बाहरी कंपनी को किसी व्यवसायिक प्रक्रिया को संचालित करने का अनुबंध है।

साझेदारी और रणनीतिक गठबंधन का निर्माण कैसे करें

साझेदारी और रणनीतिक गठबंधन का निर्माण एक जटिल प्रक्रिया हो सकती है। लेकिन एक सफल साझेदारी का निर्माण करने के लिए निम्नलिखित कदम महत्वपूर्ण हैं:

1. अपने लक्ष्यों को स्पष्ट करें: अपने लक्ष्यों को स्पष्ट करें कि आप साझेदारी या रणनीतिक गठबंधन से क्या हासिल करना चाहते हैं।

2. सही भागीदार चुनें: सही भागीदार चुनें जो आपके लक्ष्यों और मूल्यों के अनुरूप हों।

3. एक स्पष्ट साझेदारी समझौता करें: एक स्पष्ट साझेदारी समझौता करें जो स्पष्ट रूप से प्रत्येक भागीदार की भूमिकाओं और जिम्मेदारियों को निर्धारित करता है।

अपने उत्पाद या सेवा प्रसाद का विस्तार करना

किसी भी व्यवसाय के लिए अपने उत्पाद या सेवा प्रसाद का विस्तार करने से इसकी पहुंच बढ़ाने, नए ग्राहकों को आकर्षित करने और राजस्व बढ़ाने में मदद मिल सकती है। हालाँकि, नए उत्पादों या सेवाओं को विकसित करने और उन्हें बाजार में सफलतापूर्वक लॉन्च करने के लिए एक रणनीतिक और व्यवस्थित दृष्टिकोण की आवश्यकता होती है।

विस्तार के लिए रणनीति विकसित करना

अपने उत्पाद या सेवा प्रसाद का विस्तार करने से पहले, एक ठोस रणनीति विकसित करना महत्वपूर्ण है। इस रणनीति में निम्नलिखित शामिल होना चाहिए:

1. बाजार अनुसंधान: अपने लक्ष्य बाजार की जरूरतों और रुझानों को समझने के लिए गहन बाजार अनुसंधान करें। यह आपको यह निर्धारित करने में मदद करेगा कि आपके उत्पाद या सेवा प्रसाद का विस्तार करने के लिए कौन से अवसर हैं।

2. अपने मौजूदा उत्पाद या सेवाओं का विश्लेषण करें: अपने मौजूदा उत्पादों या सेवाओं की ताकत और कमजोरियों का सावधानीपूर्वक विश्लेषण करें। इससे आपको यह निर्धारित करने में मदद मिलेगी कि किन उत्पादों या सेवाओं का विस्तार करना सबसे अधिक लाभदायक होगा।

3. प्रतिस्पर्धी विश्लेषण: अपने प्रतिस्पर्धियों का विश्लेषण करें और उनके उत्पादों या सेवाओं की पेशकश का मूल्यांकन करें। इससे आपको यह निर्धारित करने में मदद मिलेगी कि आप बाजार में कैसे प्रतिस्पर्धा करेंगे।

4. वित्तीय विश्लेषण: नए उत्पादों या सेवाओं के विकास और लॉन्च करने से जुड़े लागतों और संभावित लाभों का विस्तृत वित्तीय विश्लेषण करें।

5. लक्ष्यों का निर्धारण करें: अपने विस्तार के प्रयासों के लिए स्पष्ट और मापनीय लक्ष्य निर्धारित करें। उदाहरण के लिए, आप नए उत्पादों या सेवाओं से कितनी राजस्व वृद्धि की उम्मीद करते हैं?

नए उत्पाद या सेवाएँ विकसित करना

एक बार जब आप अपनी रणनीति विकसित कर लेते हैं, तो आप नए उत्पादों या सेवाओं को विकसित करना शुरू कर सकते हैं। इस प्रक्रिया में निम्नलिखित चरण शामिल हो सकते हैं:

1. विचारों का मंथन: नए उत्पाद या सेवा विचारों को उत्पन्न करने के लिए अपनी टीम के साथ विचार-मंथन सत्र करें।

2. अवधारणा का विकास: अपने विचारों का मूल्यांकन करें और सबसे मजबूत अवधारणाओं का विकास करें।

3. प्रोटोटाइपिंग: नए उत्पादों या सेवाओं के प्रोटोटाइप विकसित करें ताकि आप उन्हें संभावित ग्राहकों के समक्ष टेस्ट कर सकें।

4. बाजार परीक्षण: नए उत्पादों या सेवाओं का बाजार परीक्षण करें ताकि आप ग्राहक प्रतिक्रिया एकत्र कर सकें और अपने प्रसाद को बेहतर बना सकें।

नए उत्पादों या सेवाओं को लॉन्च करना

एक बार जब आप अपने नए उत्पादों या सेवाओं से संतुष्ट हो जाते हैं, तो उन्हें बाजार में लॉन्च करने के लिए एक प्रभावी मार्केटिंग और बिक्री योजना विकसित करें। इसमें निम्नलिखित शामिल हो सकते हैं:

1. लॉन्च अभियान: एक प्रभावी लॉन्च अभियान विकसित करें जो आपके नए उत्पादों या सेवाओं के बारे में जागरूकता पैदा करे और ग्राहकों को आकर्षित करे।

2. बिक्री चैनल स्थापित करें: अपने नए उत्पादों या सेवाओं को बेचने के लिए उपयुक्त बिक्री चैनल स्थापित करें।

3. प्रशिक्षण: अपने बिक्री कर्मचारियों को आपके नए उत्पादों या सेवाओं के बारे में प्रशिक्षित करें ताकि वे ग्राहकों को प्रभावी ढंग से बेच सकें।

4. ग्राहक सहायता: उत्कृष्ट ग्राहक सहायता प्रदान करें ताकि ग्राहकों को आपके नए उत्पादों या सेवाओं का उपयोग करने में मदद मिल सके।

परिचालन को कुशलता और विकास के लिए अनुकूलित करना

आज के तेजी से बदलते कारोबारी माहौल में, व्यवसायों को सफल होने के लिए अपने परिचालन को कुशलतापूर्वक प्रबंधित करने की आवश्यकता है। कुशल परिचालन से व्यवसायों को लागत कम करने, उत्पादकता बढ़ाने और लाभप्रदता में सुधार करने में मदद मिल सकती है। साथ ही, कुशल परिचालन व्यवसायों को बाजार में तेजी से प्रतिक्रिया करने और नए अवसरों का लाभ उठाने में सक्षम बना सकते हैं।

परिचालन अनुकूलन के लाभ

परिचालन अनुकूलन के कई लाभ हैं, जिनमें शामिल हैं:

- लागत में कमी: कुशल परिचालन व्यवसायों को अनावश्यक खर्चों को कम करने में मदद कर सकते हैं, जैसे कि सामग्री की लागत, श्रम लागत और ऊर्जा लागत।

- उत्पादकता में वृद्धि: कुशल परिचालन व्यवसायों को अपने प्रक्रियाओं को सुव्यवस्थित करने में मदद कर सकते हैं ताकि वे कम समय, कम संसाधनों और कम त्रुटियों के साथ अधिक कार्य कर सकें।

- लाभप्रदता में सुधार: कुशल परिचालन व्यवसायों को अपने राजस्व में वृद्धि करते हुए अपने खर्चों को कम करने में मदद कर सकते हैं, जिससे उनकी लाभप्रदता में सुधार होता है।

- बाजार में तेजी से प्रतिक्रिया करना: कुशल परिचालन व्यवसायों को बाजार में बदलावों पर जल्दी से प्रतिक्रिया करने और नए उत्पादों और सेवाओं को बाजार में लाने में सक्षम बना सकते हैं।

- नए अवसरों का लाभ उठाना: कुशल परिचालन व्यवसायों को नए बाजारों में प्रवेश करने और नए उत्पादों और सेवाओं को विकसित करने के लिए आवश्यक संसाधनों और क्षमताओं को मुक्त करने में मदद कर सकते हैं।

परिचालन अनुकूलन के लिए रणनीतियाँ

परिचालन अनुकूलन के लिए कई रणनीतियाँ हैं, जिनमें शामिल हैं:

- प्रक्रिया प्रबंधन: अपनी परिचालन प्रक्रियाओं का सावधानीपूर्वक विश्लेषण करें और उन प्रक्रियाओं की पहचान करें जिन्हें सुधार की आवश्यकता है। अपनी प्रक्रियाओं को सुव्यवस्थित करने के लिए प्रौद्योगिकी और अन्य उपकरणों का उपयोग करें।

- परियोजना प्रबंधन: अपने परियोजनाओं को प्रभावी ढंग से प्रबंधित करना सुनिश्चित करें ताकि वे समय पर, बजट के भीतर और गुणवत्ता से कम न हों।

- इन्वेंट्री प्रबंधन: अपने इन्वेंट्री स्तरों को नियंत्रित करें ताकि आप स्टॉकआउट और ओवरस्टॉक से बच सकें। इन्वेंट्री प्रबंधन के लिए प्रौद्योगिकी का उपयोग करें।

- गुणवत्ता प्रबंधन: अपने उत्पादों और सेवाओं की गुणवत्ता को सुनिश्चित करने के लिए एक गुणवत्ता प्रबंधन प्रणाली लागू करें।

- कार्यबल प्रबंधन: अपने कर्मचारियों को प्रभावी ढंग से प्रबंधित करें ताकि वे उत्पादक और व्यस्त रहें। अपने कर्मचारियों को प्रशिक्षण और विकास के अवसर प्रदान करें।

परिचालन अनुकूलन के लिए उपकरण

परिचालन अनुकूलन में आपकी मदद करने के लिए कई टूल उपलब्ध हैं, जिनमें शामिल हैं:

- अकाउंटिंग सॉफ्टवेयर: अकाउंटिंग सॉफ्टवेयर आपको अपने खर्चों को ट्रैक करने और वित्तीय रिपोर्ट तैयार करने में मदद कर सकता है।

- प्रोजेक्ट मैनेजमेंट सॉफ्टवेयर: प्रोजेक्ट मैनेजमेंट सॉफ्टवेयर आपको अपने प्रोजेक्टों को योजना बनाने, व्यवस्थित करने और ट्रैक करने में मदद कर सकता है।

- इन्वेंटरी मैनेजमेंट सॉफ्टवेयर: इन्वेंटरी मैनेजमेंट सॉफ्टवेयर आपको अपने इन्वेंट्री स्तरों को ट्रैक करने और ऑर्डर करने में मदद कर सकता है।

Chapter 7: Conclusion

Chapter 7: निष्कर्ष

उद्यमशीलता में सफलता की कुंजी

उद्यमशीलता एक रोमांचक और पुरस्कृत करियर हो सकती है, लेकिन यह सब कुछ आसान नहीं है। सफल उद्यमियों में कई गुण होते हैं जो उन्हें सफलता की ओर ले जाते हैं। इस लेख में, हम उद्यमशीलता में सफलता की कुछ कुंजियों पर चर्चा करेंगे।

1. जुनून और प्रेरणा

सफल उद्यमियों के पास अपने विचारों और अपने व्यवसाय के लिए एक गहरा जुनून होता है। यह जुनून उन्हें कठिन समय में भी प्रेरित रखने में मदद करता है।

2. स्पष्ट दृष्टिकोण

सफल उद्यमियों के पास अपने व्यवसाय के लिए एक स्पष्ट दृष्टिकोण होता है। वे जानते हैं कि वे क्या हासिल करना चाहते हैं और वे वहां कैसे पहुंचेंगे।

3. समस्या हल करने का कौशल

उद्यमियों को हर दिन समस्याओं का सामना करना पड़ता है। सफल उद्यमियों के पास समस्याओं को हल करने का मजबूत कौशल होता है और वे रचनात्मक समाधान खोजने में सक्षम होते हैं।

4. जोखिम लेने की इच्छा

उद्यमशीलता जोखिम भरा व्यवसाय है। सफल उद्यमियों को जोखिम लेने से डर नहीं लगता, लेकिन वे जोखिमों को समझते हैं और उन्हें सावधानीपूर्वक प्रबंधित करते हैं।

5. लचीलापन और अनुकूलनशीलता

बाजार तेजी से बदलते हैं और उद्यमियों को इन परिवर्तनों के साथ तालमेल बिठाना चाहिए। सफल उद्यमी लचीले और अनुकूलनशील होते हैं और वे अपने व्यवसायों को बदलते बाजार की स्थितियों के अनुकूल करने में सक्षम होते हैं।

6. टीमवर्क और सहयोग

कोई भी उद्यमी अकेला सफल नहीं होता है। सफल उद्यमी मजबूत टीमों का निर्माण करते हैं और सहयोग पर जोर देते हैं।

7. वित्तीय प्रबंधन

उद्यमियों को अपने वित्त का प्रबंधन करना भी जानना चाहिए। वे जानते हैं कि कैसे धन जुटाना है, अपने खर्चों को नियंत्रित करना है और लाभदायक व्यवसाय चलाना है।

8. मार्केटिंग और बिक्री

उद्यमियों को अपने उत्पादों या सेवाओं को बेचना भी जानना चाहिए। वे जानते हैं कि कैसे प्रभावी मार्केटिंग अभियान चलाना है और अपने उत्पादों या सेवाओं को लक्षित ग्राहकों तक पहुंचाना है।

9. ग्राहक सेवा

उद्यमियों को अपने ग्राहकों की सेवा करना भी जानना चाहिए। वे जानते हैं कि कैसे उत्कृष्ट ग्राहक सेवा प्रदान करना है और अपने ग्राहकों को खुश रखना है।

10. निरंतर सीखने का जुनून

बाजार हमेशा बदल रहे हैं और उद्यमियों को हमेशा सीखने के लिए तैयार रहना चाहिए। सफल उद्यमी नए रुझानों के बारे में जानने और अपने कौशल को विकसित करने के लिए प्रतिबद्ध हैं।

उद्यमशीलता में सफलता कोई दुर्घटना नहीं है। यह कड़ी मेहनत, समर्पण और तैयारी का परिणाम है। यदि आपके पास उद्यमी बनने का सपना है, तो इन कुंजियों को ध्यान में रखें और सफलता की ओर बढ़ें।

उद्यमियों के लिए संसाधन और सहायता

उद्यमिता एक चुनौतीपूर्ण लेकिन पुरस्कृत करियर है। सफल होने के लिए, उद्यमियों को सही संसाधनों और समर्थन की आवश्यकता होती है। इस लेख में, हम उद्यमियों के लिए उपलब्ध विभिन्न संसाधनों और सहायता कार्यक्रमों पर चर्चा करेंगे।

वित्तीय संसाधन

उद्यमियों को अपने व्यवसायों को शुरू करने और चलाने के लिए धन की आवश्यकता होती है। कई प्रकार के वित्तीय संसाधन उपलब्ध हैं, जिनमें शामिल हैं:

- बैंक ऋण: बैंक उद्यमियों को व्यवसायिक ऋण प्रदान करते हैं। ऋण की शर्तें, जैसे कि ब्याज दर और भुगतान अवधि, उद्यमी के क्रेडिट स्कोर और व्यवसाय की वित्तीय स्थिति पर निर्भर करती हैं।

- सरकारी अनुदान: सरकार उद्यमियों को अनुदान प्रदान करती है। अनुदान आमतौर पर विशिष्ट उद्योगों या कार्यक्रमों के लिए उपलब्ध होते हैं।

- निवेशकों से धन जुटाना: उद्यमी अपने व्यवसायों में निवेश करने के लिए निवेशकों से धन जुटा सकते हैं। यह एक जोखिम भरा विकल्प है, लेकिन यह बड़ी मात्रा में धन प्राप्त करने का एक तरीका भी हो सकता है।

व्यवसाय सहायता संसाधन

कई व्यावसायिक सहायता संसाधन उपलब्ध हैं जो उद्यमियों को अपने व्यवसायों को शुरू करने और चलाने में मदद कर सकते हैं। इन संसाधनों में शामिल हैं:

- स्मॉल बिज़नेस एडमिनिस्ट्रेशन (SBA): SBA उद्यमियों को विभिन्न प्रकार की सहायता प्रदान करता है, जिसमें प्रशिक्षण, सलाह और वित्तीय सहायता शामिल है।

- स्मॉल बिज़नेस डेवलपमेंट सेंटर्स (SBDCs): SBDCs उद्यमियों को निःशुल्क या कम लागत वाली परामर्श और प्रशिक्षण प्रदान करते हैं।

- व्यापार समूह: कई व्यापार समूह हैं जो उद्यमियों को सहायता और संसाधन प्रदान करते हैं। ये समूह उद्यमियों को नेटवर्किंग, शिक्षा और वकालत के अवसर प्रदान करते हैं।

ऑनलाइन संसाधन

कई ऑनलाइन संसाधन भी उपलब्ध हैं जो उद्यमियों को अपने व्यवसायों को शुरू करने और चलाने में मदद कर सकते हैं। इन संसाधनों में शामिल हैं:

- सरकारी वेबसाइटें: कई सरकारी वेबसाइटें हैं जो उद्यमियों के लिए जानकारी और संसाधन प्रदान करती हैं।

- गैर-सरकारी संगठनों की वेबसाइटें: कई गैर-सरकारी संगठन हैं जो उद्यमियों के लिए जानकारी और संसाधन प्रदान करती हैं।

- ऑनलाइन पाठ्यक्रम और वेबिनार: कई ऑनलाइन पाठ्यक्रम और वेबिनार हैं जो उद्यमियों को अपने व्यवसायों को शुरू करने और चलाने के बारे में सीखने में मदद कर सकते हैं।

सहायता प्राप्त करने के लिए टिप्स

सहायता प्राप्त करने के लिए उद्यमियों के लिए कुछ सुझाव शामिल हैं:

- अपनी आवश्यकताओं की पहचान करें: अपनी आवश्यकताओं की स्पष्ट समझ रखें ताकि आप सही प्रकार की सहायता खोज सकें।

- उपलब्ध संसाधनों पर शोध करें: विभिन्न प्रकार के संसाधनों के बारे में शोध करें और उनका पता लगाएं जो आपकी आवश्यकताओं के अनुरूप हों।

- सहायता के लिए पूछने से न डरें: सहायता के लिए पूछने से न डरें। कई संगठन हैं जो उद्यमियों की मदद करने के लिए उत्सुक हैं।

- एक सहायक नेटवर्क विकसित करें: अन्य उद्यमियों के साथ जुड़ें और एक सहायक नेटवर्क विकसित करें। यह नेटवर्क आपको सलाह, प्रोत्साहन और संसाधन प्रदान कर सकता है।

Printed in the USA
CPSIA information can be obtained
at www.ICGtesting.com
LVHW022137180524
780462LV00011B/651

9 789360 140557